CATALOGUE

D'ORNEMENTS

DES MAITRES

ALLEMANDS, FLAMANDS ET FRANÇAIS

DES XVI*, XVII* ET XVIII* SIÈCLES

LIVRES A FIGURES

ET

DESSINS

Livres d'Heures.
La Chronique de Nuremberg.
Fêtes du mariage du Dauphin, 1745.
Recueils d'Ornements, etc.

Dont la vente aux enchères publiques aura lieu

HOTEL DES COMMISSAIRES-PRISEURS, RUE DROUOT, N° 9,

SALLE N° 4

Le Samedi 16 Avril 1887

A UNE HEURE ET DEMIE PRÉCISE

Par le ministère de M* **MAURICE DELESTRE**, Commissaire-Priseur,
rue Drouot, 27 ;

Assisté de **M. JULES BOUILLON**, Marchand d'Estampes de la Bibliothèque
Nationale, successeur de CLEMENT, rue des Saints-Pères, 3.

PARIS — 1887

CONDITIONS DE LA VENTE

Elle sera faite au comptant.

Les acquéreurs payeront *cinq pour cent* en sus des enchères, applicables aux frais.

M. J. BOUILLON, chargé de la vente, se réserve la faculté de rassembler ou de diviser les lots.

L'ordre du Catalogue sera suivi.

DÉSIGNATION

ESTAMPES

ALBERTI (Chérubin)

1 — Dessins de couteaux enrichis de manches d'orfévrerie, d'après Salviati.

Très belle épreuve, marge.

ALDEGREVER (H.)

2 — Deux pièces de l'Histoire de Loth. (B., 15 et 17), — L'Histoire d'Ammon et de Thamar, suite de sept estampes, dont nous n'avons que six. (B., 22-28). Huit pièces.

3 — Deux pièces de l'Histoire de Suzanne (B., 30 et 31), — Judith (B., 34), — L'Annonciation (B., 38), — Deux pièces de la Parabole du Samaritain charitable, 1554 (B., 42 et 43). Six pièces.

4 — Deux pièces de la Parabole du Mauvais riche, 1554 (B., 44 et 45).

Belles épreuves.

5 — La Vierge assise, 1553 (B., 52).

Belle épreuve.

6 — Sophonisbe, 1553 (B., 62).

Très belle épreuve.

7 — Marc Curce, 1552 (B., 68).

Très belle épreuve.

ALDEGREVER (H.)

8 — Les Travaux d'Hercule, 1550. Suite de treize estampes, dont nous n'avons que douze. (B., 83-95).
Belles épreuves.

9 — Hercule et Anthée, 1529 (B. 96), — Thisbé (B. 101). Deux pièces.

10 — La Concorde (B., 103), — La Diligence (105), — La Joie (115), — Le Sauveur victorieux (116). Quatre pièces.

11 — Les Vertus et les vices qui leur sont opposés, 1552. Suite de quatorze pièces (B., 117-130), manque le n° 129.

12 — Les Danseurs de noce. Suite de huit estampes (B., 144-151).
Très belles épreuves, manque le numéro 151.

13 — Les Danseurs de noce, 1551 (B., 152-159). Suite de huit estampes.

14 — Les Danseurs de noce, 1538. Quatre pièces d'une suite de douze (B., 160-171).

15 — Le Joueur de luth amoureux, 1537 (B., 172), — Les Deux Amans, 1529 (B., 173), — Le Soldat, 1529 (B. 174). Trois pièces.
Très belles épreuves.

16 — Jean van Leyden (B., 182). Copie.

17 — L'Alphabet romain (B., 206).
Belle épreuve.

18 — Vignette, 1528 (B., 222), — Un vase d'ornements (223), — Vignette (B. 229), — Deux enfants nus qui se tiennent par la main (B. 230), — Trois amours qui portent un ours (B., 231), Un homme en cuirasse (B. 232). Six pièces.
Bonnes épreuves.

19 — Un montant d'ornements (B., 233).
Belle épreuve.

ALDEGREVER (H.)

20 — Dessin de gaîne (B., 234), — Autre dessin de gaîne (B., 235), — Un montant d'ornemens (B., 236). Trois pièces.
Bonnes épreuves.

21 — Un panneau rempli de feuillages (B., 228).
Très belle épreuve.

22 — Vignette offrant au milieu un homme assis (B., 241), — Un enfant assis (244), — Trois pièces, dont une double.
Bonnes épreuves.

23 — Trois différents dessins d'agrafes d'orfévrerie sur une même planche (B., 258), — Vignette où l'on voit un homme et une femme de profil (B. 261). — Dessein de deux cuillers qui se croisent (268). Trois pièces.

24 — Dessin d'un poignard (B., 270).
Belle épreuve.

25 — Deux Enfants au milieu d'un entrelacs de feuillage (B., 271).
Très belle épreuve.

26 — Dessin de grotesque offrant un mascaron entre deux cornes d'abondance (B., 272), — Autres dessins de grotesques (273 et 274). Trois pièces.

27 — Dessins de grotesques (B., 273, 274 et 275). Cinq pièces dont deux doubles.

28 — Un Montant d'ornements avec deux Sphinx (B., 276).
Très belle épreuve.

29 — Montant d'ornements (B., 277), — Montans d'ornements (279). Trois pièces dont une double.

30 — Montant d'ornements dans lequel sont deux enfants debout sur des cuisses de Satyre écartées (B., 279).
Très belle épreuve, plus la copie. Deux pièces.

ALDEGREVER (H.)

31 — Dessins de grotesques (B., 281 et 282). Deux pièces.
Très belles épreuves.

32 — Les mêmes estampes.
Très belles épreuves.

33 — Montant d'ornements qui partent de deux têtes de dau-
phins (B., 283).
Très belle épreuve.

34 — Montants d'ornements (B., 285. 286 et 287). Quatre pièces dont une double.

35 — Ornements, hauts de gaînes, etc. Neuf pièces.

36 — Sujets divers, originaux et copies. Quatre pièces.

37 — Montant d'ornements. Quatre pièces.

ALTDORFER (A.)

38 — Le Petit porte-enseigne (B., 52).
Belle épreuve.

BEHAM (H.-S.)

39 — Cimon nourri par sa fille, 1544 (B., 74).
Très belle épreuve.

40 — Cléopâtre (B., 77), — Lucrèce (79), — Léda, 1548 (112);
— La mélancolie, 1539 (144). Quatre pièces.

41 — La Grammaire (B., 121), — La Musique (125), — La
Géométrie (126). Trois pièces.
Belles épreuves.

42 — La Patience, 1540 (B., 138).
Belle épreuve.

43 — Le Triomphe (B., 142).
Très belle épreuve.

BEHAM (H.-S.)

44 — Les Noces de Village, 1546 (B., 154-163). Suite de dix pièces.
Très belles épreuves.

45 — Le Banquet (B., 164), — Des Paysans qui se battent (B., 265). Deux pièces.
Belles épreuves.

46 — La Paysanne au marché (B., 187).
Très belle épreuve.

47 — La Sentinelle auprès des tonneaux (B., 197); — L'Enseigne, le Tambour et le Fifre (B., 198). Deux pièces.
Belles épreuves.

48 — Le Bouffon et les Baigneuses, 1541 (B., 214).
Bonne épreuve.

49 — La Femme couchée, vue par le dos (B., 215).
Belle épreuve.

50 — Vignette au mascaron, 154 (B., 228).
Belle épreuve.

51 — L'Alphabet romain 1545 (B., 229), — Le Petit bouffon 1542 (B., 230). Deux pièces.
Très belles épreuves.

52 — Le Mascaron, 1543 (B., 231).
Très belle épreuve.

53 — Les deux têtes de poissons (B., 235), — Vase orné d'enfants, 1531 (B., 242). Deux pièces.
Belles épreuves,

54 — Les Deux Génies, 1544 (B., 236), — L'Alphabet romain, 1545 (B., 229). Deux pièces.
Très belles épreuves.

55 — Vase orné d'enfants, 1531 (B., 242).
Deux épreuves, dont une très rognée.

BEHAM (H.-S.)

16 ✕ 56 — Colonne corinthienne, finie (B., 253).
Très belle épreuve. *Au. Gh.*

16 ✕ 57 — Les Armoiries de Sebald Beham (B., 254).
Très belle épreuve. *Au Gh.*

10 ✕ 58 — Les Armoiries au coq, 1543 (B., 256).
Belle épreuve. *Au. i*

10 ✕ 59 — Les Armoiries au coq (B., 256), — Les Armoiries à
l'aigle, 1543 (B., 257). Deux pièces. *Au Gt*
Très belles épreuves, un peu rognées.

17 ✕ 60 — Les Apôtres, — Les Travaux d'Hercule. Onze pièces de
diverses suites. *Au h.*
Belles épreuves.

BERAIN (J.)

*61 — Diverses pièces très utiles pour les arquebuziers, nou-
vellement inventées et gravées par Jean Berain le jeune,
et se vendent chez Le Blond..., 1667. Neuf pièces. Ɔ.
Très belles épreuves.

BLONDUS (M.)

130 ✕ 62 — Manches de couteaux. Suite de six pièces à deux sujets
sur la même feuille. *Au Dh.*
Superbes épreuves, très rares.

18 ✕ 63 — Manches de couteaux. Trois pièces.
Très belles épreuves. *Au Gh.*

3 ✕ 64 — Vase d'où sortent des rinceaux d'ornements, en largeur. *Au. Gh.*
Très belle épreuve.

BOUCHARDON (d'après)

65 — Second livre de vases inventés par Edme Bouchardon
et gravés par Huquier. Suite de douze pièces.
Superbes épreuves, toutes marges.

BOUCHER (d'après)

66 — Livre de vases, par François Boucher, peintre du Roy. Suite de douze pièces.
Superbes épreuves, toutes marges.

BOSS (C.)

67 — Dessins pour manches et fourreaux de poignards. Sep
pièces.
Très belles épreuves. Rares.

BOYVIN (R.)

68 — Quinze pièces de l'histoire de la Toison-d'Or.
Belles épreuves.

BRY (Les de)

69 — Les Danseurs. Pièce en forme de frise.
Très belle épreuve.

70 — Marche de soldats, au milieu le porte-drapeau. Pièce en
forme de frise.
Très belle épreuve.

71 — Soldats escortant un convoi, d'après Beham, en forme
de frise.
Belle épreuve.

72 — Le Triomphe de Bacchus.
Très belle épreuve.

73 — L'Age d'or. Pièce de forme ronde.
Bonne épreuve.

74 — Fond de coupe. Le capitaine Prudent.
Très belle épreuve.

75 — Agrafes et grotesque en largeur. Trois pièces.
Très belles épreuves.

BRY (Les de)

76 — Gaînes de couteaux où sont représentées Lucrèce, Minerve, la Force, etc. Quatre sujets imprimés sur deux feuilles.
Très belles épreuves.

77 — Gaînes et manches de couteaux. Agrafes, etc. Dix pièces.
Très belles épreuves.

78 — Armoiries avec bordures ornementées. Quinze pièces.

CLAAS (A.)

79 — La Sainte Vierge et Sainte Anne (B., 13).
Belle épreuve.

80 — Le Soldat succombant sous la mort (B., 39).
Belle épreuve.

81 — Montant d'ornements (B., 53).
Très belle épreuve.

CHOFFART (d'après (P.-P.)

82 — Billet de bal de M. Carel, gravé par Née, portant cette légende : *Bal paré et masqué*, sans autres lettres.
Très belle épreuve. Rare.

COLLAERT (H.)

83 — Dessins de Pendants d'oreilles. Six pièces.
Belles épreuves.

84 — Pâris, — Mercure. Deux médaillons avec entourages d'ornements.
Très belles épreuves.

DELAUNE (Étienne)

85 — Les Amours de Léda et de Jupiter, d'après Michel-Ange (R. D., 307), — Diverses actions pastorales et champêtres. Cinq pièces d'une suite de sept (R. D., 255-261).
Belles épreuves.

DELAUNE (ÉTIENNE)

86 — Quelques-unes des sciences, figurées par des femmes qui occupent le centre des compositions, avec les attributs qui leur conviennent (R. D., 340-345). Suite de six pièces, dont nous n'avons que cinq.

> Belles épreuves.

87. — Compositions enrichies des divinités de la fable dans des ovales, sauf le n° 6 qui est rond (R. D., 359-364).

> Très belles épreuves.

88 — Compositions ornées des divinités de la fable ou de sujets variés (R. D., 371-376).

> Très belles épreuves.

89 — Sujets variés. Suite de sept pièces dont un titre (R. D., 383-389).

> Très belles épreuves. Rares.

90 — Six pièces de la même suite.

> Belles épreuves.

91 — Sujets variés ornant des compositions en formes de croix de Lorraine (R. D. 390-396). Suite de sept estampes dont nous n'avons que six.

> Très belles épreuves.

92 — Sujets variés. Suite de sept estampes dont nous n'avons que quatre (R. D., 397-403).

> Très belles épreuves.

93 — Quelques-unes des sciences figurées par des femmes debout au centre des compositions (R. D., 410-465). Suite de six pièces.

> Très belles épreuves.

94 — Différentes divinités du paganisme debout au centre des compositions. Suite de six pièces. (R. D. 416-421).

> Très belles épreuves.

DELAUNE (Étienne)

95 — Différents sujets de l'Ancien Testament (R. D., 428-433).
Suite de six pièces. ℤ.
Très belles épreuves.

96 — Cartouche ovale formant titre (R. D., 441).
Très belles épreuves.

97 — Sujets tirés de différentes suites. Huit pièces.

DIVERS

98 — Frises d'ornements. Six pièces.
Belles épreuves. ℤ.

DUCERCEAU (J. Androuet)

99 — Meubles. Trois pièces.
Très belles épreuves.

100 — Cartouches. Six pièces.

101 — Grands cartouches, non décrits. Deux pièces.

102 — Vases. Vingt-six pièces.
Très belles épreuves.

103 — Thermes. Six pièces.
Très belles épreuves.

104 — Fond de coupe.
Belle épreuve.

105 — Détails d'ordres d'architecture. Vingt-quatre pièces.
Très belles épreuves.

106 — La fontaine de Verneuil.
Très belle épreuve.

107 — Détails d'ordres d'architecture. Deux pièces.
Très belles épreuves.

DURER (Albert)

108 — Jésus-Christ amené à Pilate (B. 7.), — Pilate se lavant
les mains (11), — Jésus-Christ à la croix (13), — Jésus-
Christ mis au tombeau (15). Quatre pièces.

DURER (ALBERT)

109 — L'Enfant prodigue (B., 28).
Très belle épreuve.

110 — Sainte Anne et la jeune Vierge — (B., 29), — La Vierge à la couronne d'étoiles (B., 31), — La Vierge aux cheveux courts liés avec une bandelette (B., 33). Trois pièces.
Bonnes épreuves.

111 — La Vierge donnant le sein à l'Enfant-Jésus (B., 36).
Belle épreuve.

112 — La Vierge couronnée par un ange (B., 37).
Belle épreuve.

113 — La Vierge avec l'Enfant-Jésus emmaillotté (B., 38).
Très belle épreuve.

114 — La Vierge couronnée par deux anges (B., 39), — La Vierge au singe (B., 42). Trois pièces dont une double.

115 — La Sainte Famille au papillon (B., 44).
Très belles épreuves.

116 — Saint Georges à pied (B., 53).
Très belle épreuve.

117 — Saint Eustache ou saint Hubert (B., 57).
Très belle épreuve.

118 — Saint Antoine (B., 58), — Apollon et Diane (B., 68), — La famille du Satyre (B. 69). Quatre pièces dont une double.

119 — L'Enlèvement d'Amymone (B., 71).
Très belle épreuve.

120 — L'Effet de la jalousie (B., 73).
Très belle épreuve.

121 — Le Groupe des quatre femmes nues (B., 75).
Très belle épreuve.

DURER (Albert)

122 — Le Paysan et sa femme (B., 83), — L'Oriental et sa femme (85), — Les Trois paysans (86), — Le Joueur de cornemuse (91). Quatre pièces.

123 — Les Offres d'amour (B., 93).
Très belle épreuve.

124 — La Face de Jésus-Christ, — La Mélancolie, — Le Petit cheval, — Le Grand cheval, — Le Cheval de la mort, — Saint George à cheval, etc. Neuf pièces, originaux et copies.

125 — La Passion de Jésus-Christ (B., 4-15 des gravures sur bois). Neuf pièces d'une suite de douze.
Très belles épreuves, avec le texte latin au verso.

126 — Sujets de la vie de la Vierge (B., 76-95 des gravures sur bois). Treize pièces d'une suite de vingt.
Épreuves avec texte latin au verso.

127 — Le Char triomphal de l'empereur Maximilien Ier (B., 139). En neuf feuilles.
Belles épreuves.

ÉCOLE FLAMANDE DU SEIZIÈME SIÈCLE

128 — Dessin d'un miroir. Pièce gravée au pointillé, du plus beau style du seizième siècle. D.
Très belle épreuve, mais manquant de conservation.

ÉCOLE FRANÇAISE

129 — Ornements obtenus au moyen d'un frottis sur des ouvrages en fer. Treize pièces à la sanguine.

FLINDT (P.)

130 — Arabesque avec Paysage au milieu, — Dessins pour décoration d'épées. Trois pièces.

GÉRAERD (MARC)

131 — La Passion de Notre-Seigneur. Suite de treize pièces de formes ovales. *D. ht Mau. ir*
Superbes épreuves, grandes marges.

GOLTZIUS (H.)

132 — L'Adoration des Mages (B., 22).
Très belle épreuve. *Mau. Gu*

133 — La Circoncision (B.,   ).
Bonne épreuve.

134 — La Passion de Jésus-Christ. Suite de douze estampes (B., 27-38). *Au Gh.*
Très belles épreuves.

135 — *Egmont* (Françoise d') (B., 168).
Belle épreuve. *Beu. it*

136 — *Orange* (Guillaume de Nassau, prince d'), — *Bourbon-Montpensier* (Charlotte de), sa femme (B., 178 et 179).
Belles épreuves, avant l'adresse d'Hondius. *Au d.*

137 — Officier de guerre portant un drapeau (B., 217).
Belle épreuve. *Au Gh.*

HALNEREN

138 — Cinq frises d'ornements sur une même feuille.
Très belle épreuve.

HECKIUS (ABR.)

139 — Dessins pour décoration de montres et agrafes. Suite de quatre pièces numérotées. *D. at*
Très belles épreuves, marges.

HEECK (G.)

140 — Dessin pour ornementation de consoles. Deux pièces.
Belles épreuves. *D it Beu GD.*

HOLLAR (W.)

141 — Dessin d'un calice, d'après André Mantegna.
Très belle épreuve.

JACQUARD (Ant.)

142 — Dessins d'ornements pour garnitures d'épées et autres.
Suite de six pièces.
Très belles épreuves.

JANSSEN (H.)

143 — Manches de couteaux. Quatre sujets imprimés sur deux
feuilles.
Très belles épreuves, grandes marges.

144 — Rinceaux d'ornements de forme ovale. Six pièces de
deux suites différentes.
Très belles épreuves.

145 — Suite de dessins d'ornements pour consoles, fleu-
rons, etc. Douze pièces numérotées.
Très belles épreuves. Rare.

146 — Dessins pour décoration de bordures de plats. Suite de
quatre pièces.
Très belles épreuves.

147 — La même suite.
Belles épreuves, sans marges.

148 — Dessin d'ornement pour un écran ou miroir à main. Au
milieu : Les Noces de Cana.
Très belle épreuve.

149 — Jeux d'amours au milieu de grotesques sur fond noir.
Cinq pièces.
Belles épreuves.

JOANNES, 1591

150 — Ornements pour orfèvres. Cinq pièces.
Très belles épreuves. Rares.

LANGLOIS (Chez)

151 — Cheminées nouvelles à la Mansarde, — Cheminées à la Royalle à grand miroir et tablette avec lambris de menuiserie. Onze pièces.

LEFEBVRE (L.)

152 — Dessins de fleurs pour bijoutiers avec scènes grotesques en bas. Quatre pièces.

Belles épreuves.

153 — Deux pièces d'une autre suite.

Très belles épreuves.

LÉGARÉ (Gilles)

154 — Livre des ouvrages d'Orfévrerie fait par Gilles Légaré, orfèvre du Roy, 1663. Suite de douze pièces.

Très belles épreuves.

LEYDE (Lucas de)

155 — L'Adoration des Mages (B., 37).

Belle épreuve.

156 — Le Crucifiement (B., 52).

Belle épreuve.

157 — Mars et Vénus (B., 137).

Belle épreuve.

158 — Tête d'un guerrier (B., 160).

Belle épreuve.

159 — Une composition d'ornements (B., 162).

Belle épreuve.

160 — Un écusson rempli par un mascaron (B., 167).

Belle épreuve.

161 — Les armes de la ville de Leyde au milieu de quatre ronds (B., 168).

Bonne épreuve.

LEYDE (LUCAS DE)

162 — Deux rinceaux d'ornemens (B., 169).
Très belle épreuve.

MAITRE DE 1551

163 — Coupes et aiguières. Trois pièces.
Très belles épreuves.

MAITRE H.-P. (MAITRE SERRURIER DU ROI LOUIS XIII)

164 — Dessins d'ornements pour décorations de serrures et
autres ouvrages de serrurier. Vingt et une pièces.
Superbes épreuves, de la plus grande rareté.

MARIETTE (Chez)

165 — Décoration de lambris, vestibules, treillages, etc. Onze
pièces.

MEYER (TH.)

166 — Ornements pour orfèvres. Quatre pièces dont un titre.
Très belles épreuves.

MULLER (J.-G.)

167 — *Lebrun* (Madame Vigée), d'après elle-même, in-fol.
Très belle épreuve, toute marge.

PASSE (CRISPIN DE)

168 — Les Sept Vertus représentées dans des entourages d'ornements.
Très belles épreuves.

169 — Les Sens. Suite de six pièces dont nous n'avons que
quatre.
Belles épreuves.

PENCZ (G.)

170 — Triomphe de Bacchus (B., 192).
Très belle épreuve.

PENCZ (G.) ET ALDEGREVER

171 — Histoire d'Abraham, — Histoire de Loth, — Joseph
racontant ses songes, etc. Quinze pièces.

SOLIS (V.)

172 — David, — Empereurs Romains, — Un Soldat (B., 236).
Soldats dirigeant leurs pas vers la gauche, — Frise d'ornement, dessin de fourreaux, etc. Neuf pièces.

173 — Frise représentant un camp, à droite un seigneur à
table sous sa tente.
Belle épreuve.

SALY (J.)

174 — Vases. Suite de trente pièces et un titre.
Superbes épreuves, toutes marges.

SIMONY (P.)

175 — Rinceaux d'ornements et de feuillage. Deux pièces.
Belles épreuves.

VAUQUIER

176 — Ornements pour orfèvres et bijoutiers. Quinze pièces.
Belles épreuves.

VRIES

177 — Grotesques. Suite de treize pièces dont un titre.
Très belles épreuves.

WUEST (J.-L.)

178 — Dessins pour orfèvres et autres. Sept pièces.

DESSINS

BERNINI (P.)

179 — Aiguière.
A la plume et lavis.

CARAVAGE (POLIDORE DE)

180 — Panneau d'ornement avec cartouche blanc au milieu.
A la plume et lavis de sépia.

ÉCOLE ALLEMANDE

181 — Retour de l'Enfant prodigue.
A la plume et lavis d'encre de chine, encadré.

ÉCOLE ITALIENNE, XVIᵉ SIÈCLE

182 — Coupe avec pied formé par deux amours.
Fort beau dessin à la plume et lavis, dans un cadre en bois sculpté.

ÉCOLE ITALIENNE

183 — Modèle de vasque pour faïence d'Urbino.
Beau dessin à la plume et lavis.

184 — Modèles de saucières.
A la plume et lavis de sépia.

LEMOINE

185 — Décorations pour plafonds.
Quatre dessins à lavis d'encre de chine et d'aquarelle.

NATOIRE

186 — Amours sur des nuages.
A la plume et lavis de bistre.

PERINO DEL VAGA

187 — Motif pour un plafond.
Au lavis de sépia.

UDINE (Giovanni da)

188 — Aiguière.

Beau dessin à la plume et lavis de bistre.

BOUTET

189 — Dessins pour décorations de poignées et fourreaux de sabres, exécutés pour la manufacture d'armes de Versailles.

Douze dessins à la plume et au crayon, avec lavis d'encre de chine et d'aquarelle.

ÉCOLE FRANÇAISE

190 — Jugement de Salomon.

Au crayon noir.

191 — Dessins Persans et Chinois. Sept pièces.

LIVRES

192 — Livre d'heures, in-16, veau brun, compart. à froid, tr. dor., fermoirs en cuivre *(rel. du quinzième siècle)*.

> MANUSCRIT SUR VÉLIN du quinzième siècle, orné de dix encadrements jolis et variés, et d'une miniature, le tout en très bon état de conservation.
>
> En tête de la première page du texte (de même que dans un des encadrements) est peint un écusson portant ces armoiries : *d'azur à une tête de More d'argent, surmontée de deux coquilles d'or.* Un corbeau penché sur l'écusson porte dans le bec une banderole avec le nom de *A. Bruhier*; dans l'encadrement on lit la devise : *Crac.*
>
> Ce manuscrit a appartenu, au seizième siècle, à Jehan Morelet, conseilleur et procureur du roi ès baillage et chancellerie de Dijon.

193 — Horæ in laudem beatissimæ Virginis Mariæ ad usum Romanum. *Parisiis, apud Simonem Colinæum*, 1543, gr. in-8; veau racine, compart., dent., tr. dor. (anc. rel.).

> Livre rare et précieux, connu sous le nom des *Grandes Heures de Simon de Colines*. C'est un des plus beaux spécimens de l'art des Heures historiées au seizième siècle. Toutes les pages sont entourées de riches encadrements en arabesques, tantôt en clair, tantôt en noir, et toujours sur fond blanc. Il est en outre orné de quatorze grandes gravures sur bois et de jolies initiales.
>
> Très bel exemplaire, réglé, avec de nombreux témoins.

194 — Heures à l'usage de Rome. (A la fin :)... *Imprimées à Paris par Nicolas Hicman pour Guillaume Godard, libraire...*, s. d., pet. in-8, goth.; cart. toile, tr. dor.

> Livre d'heures rare et non décrit, orné de nombreuses gravures sur bois et d'encadrements variés, mais incomplet des deux premiers feuillets, et avec des taches et raccommodages.

195 — Missale ad usum Cistercien. ordinis per quēdam eiusdē ordinis monachū studiosissime correctū. Anno dūi Millesimo quingentesimo vigesimonono (1529). (Marque de Jehan Petit.) *Venit Parisiis in Intersignus Lilij aurei, Pellicani, Leonis Argetei necno Cratis ferree,*

vici diui Jacobi. Cisteaux. Clervaux; pet. in-4, goth., à
2 col., impr. en rouge et noir ; veau fauve, riches ornements et tr. dor. (*rel. du seizième siècle*).

Rare missel à l'usage de l'ordre de Citeaux, orné de nombreuses et
curieuses gravures sur bois, grandes et petites.

Très bel exemplaire, réglé, ayant appartenu à plusieurs religieux de
l'abbaye de Graudselve, qui ont écrit des notes curieuses et des prières
sur les feuillets de garde.

196 — Heures à lusaige de Rome tout au long sans riës reque-
rir... (A la fin :)... *Imprimees a Paris par Gillet Hardouyn
demourant au bout du Pont Nré Dame...*, s. d. (almanach
de 1514 à 1529), gr. in-8, goth.; veau brun, compart.
et tr. dor. (*rel. du seizième siècle*).

Très bel exemplaire sur PEAU DE VÉLIN de ces heures fort rares,
ornées de belles gravures sur bois et d'encadrements historiées de sujets
tirés de l'Écriture sainte, de la Danse des morts, etc. Brunet (n° 244)
n'en signale que l'exemplaire de Libri.

Il a appartenu à la noble famille de Poligny, dont les armes (*d'azur
à un vase d'or rempli de trois lis de jardin d'argent*, sont frappées
sur le plat de dessus de la reliure, qui n'est pas en bon état.

197 — Un lot composé des volumes suivants, ornés de gravures sur bois, mais incomplets : *Rosario della B. V.
Maria*, trois éditions vénitiennes du seizième siècle ; —
un *Livre d'heures*, probablement publié par Kerver (alm.
de 1554 à 1563). — *Métamorphoses d'Ovide*, édition Lyon-
naise, avec figures et encadrements du Petit Bernard.

198 — **Carlevariis.** Le Fabriche e vedute di Venetia dise-
gnate, poste in prospettiva, et intagliate da Luca Carlevariis... *In Venetia appresso Gio. Battista Finazzi*, s. d.,
1 vol. in-fol. obl., contenant cent planches, le titre et une
dédicace ; rel. en vélin,

199 — **Bellori.** Lucernæ veterum sepulchrales iconicæ...
Coloniæ, 1702. 1 vol. in-fol., fig., veau.

200 — *Description* des festes données par la ville de Paris, à
l'occasion du mariage de Madame Louise-Élisabeth de
France et de Dom Philippe, Infant d'Espagne, le 3 août
1739. *Paris*, 1740. 1 vol. in-fol., veau, aux armes de la
ville de Paris.

201 — *Devises* pour les tapisseries du Roy où sont repre-
sentez les quatre Elemens et les quatre saisons de l'année.
1 vol. in-fol., veau, aux armes du Roi.

202 — **Du-Cerceau**. Second livre d'Architecture, par Jac-
ques Androuet du Cerceau, contenant plusieurs et diverses
ordonnances de cheminées, lucarnes, portes, fonteines,
puis et pavillons pour enrichir tant lè dedans que le de-
hors de tous édifices. Avec les dessins de dix sepultures
toutes différentes. *Paris*, 1561. 1 vol. in-fol., contenant
veau, trente-cinq planches.

203 — **Fêtes** publiques données par la ville de Paris à l'occasion du Mariage de Monseigneur le Dauphin, le 23 et 26
février 1745. 1 vol. in-fol., veau, aux armes de la ville
de Paris.

204 — **Gastelier de la Tour**. Armorial des états du Lan-
guedoc. Paris, 1767. 1 vol. in-4, fig., veau.

205 — **Du Perac** (J.). Vestigi dell'antichità di Roma raccolti
et ritratti in perspettiva con ogni diligentia a Stefano
Du Perac Parisino.., *Roma*, 1653. 1 vol. in-fol. obl., veau.

206 — **Le Roy**. Les Ruines des plus beaux monuments de la
Grèce : ouvrage divisé en deux parties, où l'on considère,
dans la première, ces monuments du côté de l'histoire ;
et dans la seconde, du côté de l'architecture... *Paris*,
1758. 1 vol. in-fol., fig., cart.

207 — *Napoli* e i luoghi celebri delle sue vicinanze. *Napoti*,
1845. 2 vol. gr. in-8, cart.

208 — **Raphaël**. Ornati d'invenzione di Raffaele Sanzio di
Urbino esistenti nel coro di S. Pietro in Perugia... *Roma*,
1811. 1 vol. in-fol., broché.

209 — **Pugin**. The Style Gothic furniture of the 15th Cen-
tury, designed and etched by A. W. Pugin. *Londres*, 1805.
1 vol, in-4, cart.

210 — *Raccolta* de' Monumenti piu interessanti del R.
Museo Borbonico. *Napoli*, 1825. 1 vol. in-4. Fig.

211 — Recueil contenant :

2800

1° Suite de douze pièces, arabesques et armoiries, par J. Berain. . . . . 12 p.

2° Modèles de cadres publiés chez Langlois. . . 10 p.

3° Panneaux d'ornements animés des divinités du paganisme (R. D. 119-134) suite de seize pièces par R. Boyvin. . . . . 16 p.

4° Dessins d'Aiguières, coupes, salières, plateaux, brasiers, nef, corbeilles, flambeaux, nécessaires de toilette et fontaines, propres aux orfèvres, bijoutiers, émailleurs et autres metteurs en œuvrs, suite de neuf pièces par R. Boyvin (R. D., 171-179). . . . . 9 p.

5° Vases, par ? . . . . 2 p.

6° Livre de cartouches nouvellement inventé et gravé par Jean d'Olivar. . . . . 6 p.

7° Desseins de bordures de miroirs nouvellement inventez et gravez par Pieret. . . . . . . 12 p.

8° Desseins de bordures de cadres et glaces par Lepautre. . . . . 4 p.

9° Ornemens de plusieurs sortes inventez par G. Charmeton, peintre, et gravez par N. Robert. Quatre suites chacune de six |feuilles. . . . 24 p.

Total. . . . . . . 95 p.

Toutes les pièces contenues dans ce précieux recueil sont superbes d'épreuves de la plus grande fraicheur et à grandes marges, 1 vol. petit in-fol. vél.

212 — Recueil contenant : 1° Traité de l'architecture suivant Vitruve..., par Mauclerc. *Paris*, 1648...; 2° Cinquante-deux dessins d'après des monuments de France et d'Italie, exécutés dans les années 1614-1615 et 1616, 1 vol. in-fol. vélin.

410

213. — Recueil contenant deux cent six estampes des écoles flamande, allemande et italienne, 1 vol. grand in-fol. cart.

63

214 — **Recueil** centenant vues par Silvestre, estampes par Callot, d'après Lancret, ornements par Audran, Cauvet Toro, Fragonard, Forty, Du Cerceau, Lepautre, etc. Quatre-vingt-dix pièces en 1 vol. in-fol. papier ancien, veau.

215 — **Recueil** contenant cinq cent vingt estampes de l'œuvre de Callot, de la Bella. En 1 vol. in-fol, dem. rél. mar. r.

216 — **Recueil** contenant : Alphabet, par . . . . . Lettres ornées gravées sur bois et ex-librïs, ornements par Collaert, de Vries, Hopfer, R. Boyvin, Vico, Polydore de Caravage, etc. 1 vol. in-fol. cart., renfermant quatre cent pièces.

217 — **Vignola.** Regola delli cinque ordini d'Architettura di M. Jacomo Barozzio da Vignola, 1 vol. in-fol., fig, veau.

218 — REPRÉSENTATION des fêtes données par la ville de Strasbourg pour la convalescence du roi ; à l'arrivée et pendant le séjour de Sa Majesté en cette ville, 1 vol. in-fol. veau, aux armes du roi. (*Padeloup*.)

219 — **Rubeis.** Insignium Romæ templorum prospectus exteriores interioresque a celebrioribus architectis inventi nunc tandem suis cum plantis ac mensuris A Jo. Jacobo de Rubeis... Anno 1684, 1 vol. in-fol. veau.

220 — **Bellori.** Veteres arcus Augustorum triumphis insignes ex reliquiis quæ Romæ adhuc supersunt cum imaginibus triumphalibus restituti antiquis nummis notisque Io : Petri Bellorii illustrati nunc primum per Io : Jacobum de Rubeis. *Romæ*, 1590, 1 vol. in-fol., fig., vél.

221 — **Ruscelli.** Le Imprese illustri del S. Jeronimo Ruscelli. Aggiuntovi nuovamente da Vincenzo Ruscelli da Viterbo. *Venetia*, 1584, 1 vol., in-4., fig., cart.

222 — **Shaw.** Details of Elizabethan Architecture by Henry Shaw, *London*, 1839. 1 vol. in-4., fig., cart.

223 — *Le Tableau* des riches inventions couvertes du voile des feintes amoureuses, qui sont représentez dans le

Songe de Poliphile desvoilées des ombres du songe et sub-
tilement exposées par Beroalde. *A Paris, chez Mathieu
Guillemot*, 1600. 1 vol. in-4., fig. sur bois, veau.

224 — *Vita* et Passio domini nostri Jesu Christi ; trente gravures en 1 vol. in-8 oblong, veau.

225 — **Vitruve**. Les dix livres d'Architecture de Vitruve,
corrigez et traduits nouvellement en français avec des
notes et des figures. *A Paris, chez J.-B. Coignard*, 1673,
1 vol. in-fol. fig., veau.

226 — **Vries**. L'Architecture contenant la Toscäne, Dorique,
Ionique, Corinthiaque et composée, faict par Henri Hondius, avec quelques belles ordonnances d'Architecture
mises en perspective par Jean Vredman Frison... *Ams-
terdam*, 1628, 1 vol. in-fol. fig., vélin.

227 — Vues pittoresques et perspectives des salles du musée
des monuments français et des principaux ouvrages d'architecture, de sculpture et de peinture sur verre qu'elles
renferment ; gravées au burin par MM. Réville et Laval-
lée... avec texte par B. de Roquefort. *Paris*, 1816, 1 vol.
in-fol, fig., cart.

228 — **Schedel** (Hartmann). Cronicken. *Nuremberg*, 1493,
gr. in-folio, peau de truie à compart. à froid, milieu, coins
et fermoirs en cuivre repoussé (*rel. du temps*).

> Ouvrage célèbre, connu sous le nom de *Chronique de Nuremberg*,
> orné de plus de 2,000 curieuses gravures sur bois de Michel Wohlge-
> muth, le maître d'Albert Dürer, et Wilhelm Pleydenwurff.
> Très bel exemplaire, à grandes marges, sauf quelques piqûres de vers
> et cassures.

229 — Sous ce numéro seront vendus quelques volumes et
deux portefeuilles d'estampes non cataloguées.

Imprimerie D. Dumoulin, rue des Grands-Augustins, 5, à Paris.